Société .... Exploration

SOCIÉTÉ DE GÉOGRAPHIE DE LISBONNE

(SOCIEDADE DE GEOGRAPHIA DE LISBOA)

EXPLORATION GÉOGRAPHIQUE ET COMMERCIALE

DE LA

GUINÉE PORTUGAISE

PROJET PRÉSENTÉ AU GOUVERNEMENT PORTUGAIS

PAR

LA SOCIÉTÉ DE GÉOGRAPHIE DE LISBONNE

TRADUCTION

LISBONNE

BUREAUX DE LA SOCIÉTÉ

89, Rua do Alecrim, 89

1878

LISBONNE
IMPRIMERIE DE J. H. VERDE
117, Rua do Alecrim, 121

A SA MAJESTÉ LE ROI

Sire

L'incontestable et impérieuse nécessité, qui s'impose aux intérêts et à l'honneur de la nation, de poursuivre énergiquement dans les travaux d'exploration scientifique et commerciale de l'Afrique, travaux que le Portugal a été le premier à entreprendre, ont conduit la Société de Géographie de Lisbonne à l'étude, à la discution, et à la détermination des tentatives qu'à cet égard se manifestent les plus convenables et opportunes. À cet effet nous venons offrir à l'illustre attention et au chevaleresque patriotisme du gouvernement de Votre Majesté, dans le document ci-joint, le projet et l'étude d'une expédition d'exploration géographique et commerciale à en voyer dans l'opulente région de la Guinée portugaise; expédition qui pouvant être organisée dans de notables conditions d'économie, satisfait évidemment à des nécessités politiques et commerciales d'une très grande importance et peut rapidement imprimer la plus bienfaisante impulsion à notre navigation, à notre culture et à notre commerce colonial.

4

Que Dieu protége la vie de Votre Majesté, et Lui inspire toujours la force et la vertu des bons et des nobles sentiments.

Société de Géographie de Lisbonne, le 30 Mai 1878.

LE PRÉSIDENT
J. V. Barbosa du Bocage.

LE 1.ᵉʳ SECRETAIRE
Luciano Cordeiro.

LE 2.ᵈ SECRETAIRE
Rodrigo A. Pequito.

MÉMOIRE DE L'ASSOCIÉ DE LA SOCIÉTÉ DE GÉOGRAPHIE DE LISBONNE

J. B. FERREIRA D'ALMEIDA

Sur l'exploration de la Sénégambie Portugaise, adoptée par la Commission Africaine de la même société suivant le rapport approuvé dans la session sociale du 1.er avril 1878.

MESSIEURS

La conquête de Ceuta en 1415 fut le premier pas dans la voie glorieuse des exploits d'outre-mer, et dans le chemin du developpement commercial qui nous élevérent au xve siécle à la hauteur des premiéres nations de l'Europe. La conquête d'autres places dans la région marroquine fut la première idée politique d'agrandissement de la domination qui se serait développé et conservé si l'établissement de l'école de Sagres par l'infant D. Henrique n'eut apporté une entreprise si grandiose pour satisfaire les nécessités de la science, comme celle des navigations et des découvertes géographiques.

L'ambition, plus que l'amour de la science, nous transporta jusque dans l'Inde pour monopoliser à notre avantage tout le commerce de cette riche contrée, au détriment des nations Méditérannéennes, dont la chûte aussi bien que celle de Venise nous préparâmes en quittant les régions plus voisines du Maroc, Guinée, Côte de Mine, Angola, etc., par l'avidité avec laquelle nous voulions nous rendre maître des richesses de l'Orient.

A ces époques, plus guerriers que commerçants, avides de jouir par la facile acquisition des richesses, nous n'avons jeté les fondements de l'empire commercial qui devait être naturellement la poursuite de l'effort militaire. La facilité des profits des entrepises d'outre-mer engendrant l'abandon du travail et le relâchement des mœurs ; l'énorme extension des conquêtes et des pays soumis, la division de l'autorité, la prévarication des chefs monopolisant tout le trafic, les malaises politiques de la mère-patrie et le dépérissement produit par l'émigration autant dans les industries comme dans l'agriculture, en nous réduisant comme commerçants, à des simples intermédiaires des produits de l'outre-mer et en nous laissant dans le dénuement, des denrées même de première nécessité que l'agriculture ne pourrait donner, non-seulement pour notre consommation, mais pour le change, nous fit tomber pour ne plus nous élever, de l'apogée d'autrefois, combattus alors par la concurrence des nations industrielles comme la Hollande et l'Angleterre, aujourd'hui dominateurs dans le commerce d'outre-mer.

Les immenses richesses, non-seulement des Indes, mais, ensuit du Bresil, passèrent par Portugal, comme dit Scherer, comme par un crible.

Après un large période de décadence apparût le marquis de Pombal qui cherchant à nous élever avec les précieux restes d'un si grand empire, adopta diverses mesures commerciales, non seulement conformes à l'esprit de l'époque, mais, à nos vues, nécessaires pour le développement des colonies, et conformes avec les intérêts et les faibles moyens dont la métropole disposait.

Les monopoles, les mesures restrictives de production et

d'industrie en limitant celles-ci à de certaines zones pour que le manque de concurrence leur laissât créer de nouvelles forces, et une nouvelle division administrative, apportèrent le développement du Brésil, bien que aux dépens de l'Afrique.

Le grand homme d'Etat entendit qu'on ne pourrait obtenir de résultats que peu-à-peu, en présence des moyens dont nous disposions; et ceci, au lieu de nous élancer à la pénible entreprise du développement général d'une étendue coloniale, trop considérable pour notre effort et dans laquelle il pouvait se perdre par sa subdivision.

L'émancipation du Brésil, peut-être précoce, mais naturelle, nous laissa libre de nous créer un autre empire dans la région frontière et d'explorer notre Sénégambie, que par ses conditions pourrait peut-être se comparer à la Guyenne dans l'Amérique.

Le développement des colonies va avec celui de la métropole, parceque d'une autre manière nous obtiendrons à peine une prospérité temporaire comme les antérieures; néanmoins il faut ne pas nous mystifier, et abandonner le détestable système de toujours recourir aux gouvernements; cependant ils peuvent influer de deux manières, premièrement, cessant, en échange de n'importe quels sacrifices, d'être les premiers concurrents aux fonds disponibles du marché, parcequ' alors les capitaux ne trouvant pas de facile profit, sur et élevé, ils ont à s'aventurer dans des emplois commerciaux, agricoles et industriels non-seulement dans le pays comme dans les colonies; secondement, faisant connaître par des explorations, et publications de notices, les conditions des diverses colonies, etc., et incitant par l'exclusif la formation de compagnies commerciales et agricoles. La colonie française du Sénégal qui depuis le gouvernement de Faidherbe en 1854 a commencé à agrandir son étendue et son développement commercial, ne doit ce dernier qu'á la navigation française à l'exclusion des autres nations, comme dit Valdez dans sa notice sur l'Afrique occidentale, et au fait du commerce intérieur avoir été affranchi du monopole des Maures, ayant cessé aussi à cette même époque le paiement des *coutumes*, encore aujourd'hui en vigueur dans notre Sénégambie.

La contrée de la Guinée, dont nous nous occupons, est de tous nos territoires d'outre-mer, peut-être, le moins connu. La première condition favorable qu'elle offre pour notre commerce, c'est sa proximité de la métropole en relation aux autres nations. Lopes de Lima dans ses Essais Statistiques dit que «ce n'est pas comme colonies rurales, mais au contraire comme établissements de commerce que l'on doit envisager nos possessions de la Guinée, parce que la couronne portugaise ne possède pas lá des terrains qui peuvent par leur culture enrichir un particulier, et bien moins une nation.»—Cependant il dit que des «îles de Bijagós et des montagnes de l'intérieur on ignore ce qu'elles renferment, relativement à des mines, mais que la nature du sol fait réputer ces mêmes îles comme excellentes (pag. 25), ce qui détruit ses premiéres assertions, principalement lorsque (pag. 68) il indique la convenance de la colonisation de l'île de Bolama.

Valdez dit que: «dans la Guinée tout dénote au voyageur un pays trés riche en produits naturels, des terres basses et étendues, littérallement couvertes d'une végétation magnifique en plus permanente et variée, facilitant à un gouvernement prévoyant, solide et illustré les plus importantes ressources.»

Vogel, dans une rapide description de notre colonie de Guinée, dit que le territoire de Fa et Geba, les îles de Bolama et Gallinhas, sont d'une rare fertilité; que le commerce est insignifiant, et que «les établissements voisins, français et anglais font un rude concours au commerce portugais.»

A cet égard Valdez dit «que les commerçants portugais dans la Guinée ne sont autre chose que les commissaires des négociants étrangers établis dans la Gambie et Gorée qui à leur tour sont des agents de fortes maisons commerciales de France, Angleterre, Amérique et Belgique.»

Sans développement agricole, il n'y a pas moyen de fixer la colonisation; pour établir de cette manière des relations commerciales durables et continues avec la métropole, au commencement on pourrait tenter des colonies penales dans les iles adjacentes à la côte, lesquelles selon dit Valdez passent pour étant sillonnées par des fraiches rivières, couvertes d'arbres et abondantes en gibier.

De toutes les mémoires et descriptions se détache la nécessité d'une exploration.

Lopes de Lima dans la carte qu'il présente et qui paraît plutôt faite par information que par une simple reconnaissance, indique la zone de l'archipel de Bijagós comme peu explorée. Castilho dans son itinéraire (1864) donne une description développée de quelques points, dans d'autres il est laconique, et présente aussi une ligne de cinquante milles dans le parallèle de 11 à 12 degrés comme côte méconnue; il y a plusieurs canaux non explorés, et on ignore la liaison que pourraissent avoir entre eux les différents fleuves qui paraissent mieux former le delta d'une grande artère comme celui du Nil, du Niger et du Zambeze.

En outre des productions naturelles de mancarra, bois de construction, et riz; le café et le coton parraisent être de facile exploitation, pour le moins dans la région des Murdingas (Geba et Farim) et dans les iles de Bijagós.

Les articles de commerce qui abondent le plus, sont, en outre les produits agricoles, la gomme, les cuirs, l'ivoire et l'or; ce commerce est fait pour le profit des maisons étrangères des colonies voisines françaises et anglaises, et trés peu par la voie du Cap Vert avec le Portugal.

L'arriéré des connaissances hydrographiques de ces parages, comme le reconnaît Castilho (pag. 183), le manque de sécurité, et celui des plus rudimentaires améliorations matérielles, l'exiguité de la population européenne et l'ignorance des conditions commerciales et agricoles, ont dicté les articles du service que nous avons cru indispensable de faire dans cette contrée, à moins qu'on la cède en échange d'une centralisation de domination coloniale du côte d'Angola.

Il n'est pas nouveau que les explorateurs soient chargés de fonder des établissements commerciaux dans les points où par l'étude qu'ils aient fait de la contrée, ils les reconnaissent dans les conditions de former le noyeau d'une colonie; encore derniérement, M. le comte de Senelle fut chargé d'une exploration, dans ces conditions, sous les auspices de la Société de Géographie de Paris.

La Société de Géographie de Lisbonne se propose d'ouvrir une souscription pour des explorations géographiques; sans méconnaître le patriotisme des citoyens portugais, il nous semble que la somme de la souscription ne pourra atteindre un chiffre qui tienne une valeur importante pour l'organisation de l'expédition, mais en quoi ce capital peut justement auxilier l'exploration d'une maniére digne, c'est dans l'exécution de l'article 8.ᵉ, en créant à Lisbonne un espèce de dépôt des denrées de la Guinée qui doivent être acquis par la permutation d'articles nationaux, et où le public soit commerçant, soit consommateur, pourra à volonté apprécier les marchandises et, par des détails qui les accompagneront, les conditions commerciales et d'autres auxquelles la permutation est exposée, ses avantages économiques, etc.

Concernant le personnel pour l'expédition que nous jugeons devoir se faire, il nous semble devoir coordonner les dispositions législatives qui dans des cas semblables ou égaux ont été appliquées. Skyring, au prix de sa vie laissa son nom à une pointe au Sud du Casamansa pour y avoir été tué par les naturels, quand il étudiait cette partie de la côte; les avantages qui sont proposés pour le personnel se justifient par des faits identiques et par ceux concédés à l'expédition du Zambéze et à les commissions de travaux publics d'Angola et du Mozambique, en étant la Guinée, comme elle l'est, plus inhospitalière à tous les égards que ces autres contrées.

Concernant le matériel, il y a, à peine, un article et ses accessoires, qui pourra augmenter la dépense, à savoir, un vapeur pour le service hydrographique; cependant comme il pourra rester ensuite, servant dans la marine de guerre pour faire la police de cette région où rarement apparaît la force armée navale, peut se considérer pour ce motif d'une nécessité si pressant que même cette dépense doit se séparer de la somme destinée à l'expédition pour se considérer comme inclus dans l'article que dans le budget général de l'État, a le titre de — nouvelles constructions.

Dans la mémoire touchant nos domaines d'outre-mer que nous avons présenté cette année dans le mois de mai, nous indiquons la nécessité de l'exploration de la Sénégambie Portugaise. Mr. Luciano Cordeiro, notre collègue dans cette commission, fit part ensuite d'une proposition spéciale à cet égard je crois que dans la séance de la Société de Géographie du mois d'août: d'accord avec lui, nous reproduisons l'idée dans la proposition formulée par des articles pour servir de base à la discution et c'est dans ce but que nous prenons la liberté de présenter ce travail.

FINS

1.º—Levé de la carte hydrographique de la côte et région insulaire adjacente,—sondages — vérification et rectification de l'itinéraire.

2.º—Cartes hydrographiques de tous les cours d'eau, fleuves, ou bras de mer,—jusqu'à 6 pieds de profondeur.

3.º—Reconnaissance géodésique du pays,—dessins ou photographies des points principaux et importants.

4.º—Reconnaissance générale de la population, espèces, usages et coutumes.

5.º—Reconnaissance agricole, nature et production des denrées,—consommation locale et exportation —procédés agricoles.

6.º —Description spéciale et plan des localités propres pour l'établissement des colonies agricoles,—productions naturelles, et dont elles sont susceptibles par l'exploitation —personnel, matériel et analyse des conditions économiques d'une colonie agricole.

7.º—Commerce en général, son developpement, nature et conditions,—description spéciale et plans des localités les plus aptes pour créer des établissements,—personnel, matériel et conditions économiques de l'établissement.

8.º—Encourager le commerce avec la métropole par l'acquisition et remise des échantillons et lots des articles du commerce local, échangés avec les nationaux et les accompagnant de rapports circonstanciels de toutes les conditions de permutation.

9.º—Reconnaissances, études, tracés et devis d'un système général d'améliorations matérielles indispensables.

Personnel et ses avantages

PERSONNEL

3 Officiers de marine.

1 Mécaniciens de 3.º classe.

1 Médecin.

1 Infirmier.

3 Caporaux marins.

3 Chauffeurs.

12 Matelots.

12 Noirs (contractés au Cap Vert).

1 Dessinateur.

1 Escrivain.

AVANTAGES

1.º—Avancemente conforme au décret du 10 septembre de 1846.

2.º—Temps de service (trois ans) conformément à l'article 2.º de l'ordonnance du 20 de décembre de 1844.

3.º—Qu'aux officiers il soit abonné depuis le jour du départ le même solde que reçoivent les employés du service des travavx publics de l'identique graduation à Angola et au Mozambique.

4.º—Les abonnements du restant du personnel devront être réglés par les cadres en vigueur et suivant les graduations avec lesquelles ils seront nommés pour ce service spécial.

5.º—Le gouvernement proposera aux Cortés, la commission terminée, un prime de distinction, d'après le mérite des travaux présentés.

6.º—Les officiers auront droit aux abonnements et gratifications de ses grades respectifs, dés qu'ils seront nommés pour le service de la Guinée, et pendant la duration des travaux et études préparatoires dans la métropole.

7.º—A n'importe quelle époque que chacun des chargés renoncera au service, il perdra le grade conformément à la loi mais il ne sera pas obligé à restituer les abonnements qu'il aura reçu durant le temps de son service. ni totalement ni en partie.

§ UNIQUE. Dans le cas de retour au royaume par suite de grave blessure reçue en combattant, si bien que par désastre ou grave maladie endémique et suivant l'opinion d'un conseil de sanité militaire, ils conserveront le grade d'accés avec tous les avantages qui leur auraient été accordés.

8.º—Aux individus qui faisaient partie de cette expédition, s'impossibilisent dans le service, et aux familles de ceux qui périront par effet de blessures en combattant, soit par désastre ou maladie endémique. seront appliqués les dispositions de la loi de 1827.

Matériel spécial

1 Bateau à vapeur pour 4 piéds d'eau et une marche de 12 milles par heure.

1 Canot.

1 Embarcation de caoutchouc pour 10 personnes.

Une collection d'instruments hydrographiques.
Une dite de petite géodésie.
Livres et articles d'expédients et de service.
1 Appareil photographique et accessoires.
1 Chambre obscure.
1 Tante de campagne.
6 lits de camp.
1 collection d'instruments météréologiques.

Accessoires du navire

1 Mitralleuse.
1 Pièce de débarquement (de 0,04).
6 Carabines à balle explosive.
20 Carabines Singer Barnet.
10 Révolvers.
10 Hâches d'abordage, etc., etc.

RELATION DES OFFICIERS DE MARINE QUI S'OFFRENT POUR
L'EXPLORATION DE LA SÉNÉGAMBIE PORTUGAISE

Joseph Bento Ferreira d'Almeida.
Francisco de Paula Gomes Barbosa.
Carlos Maria Pereira Vianna.

MÉDECIN NAVAL

Julio Augusto Diniz Sampaio.

www.ingramcontent.com/pod-product-compliance
Lightning Source LLC
Chambersburg PA
CBHW061608050726
47595CB00007B/2839